ÉTUDES

ADMINISTRATIVES

LE PRÉFET DE POLICE

PAR M. VIVIEN

Membre de la Chambre des Députés

EXTRAIT DE LA REVUE DES DEUX MONDES
LIVRAISON DU 1er DÉCEMBRE 1842

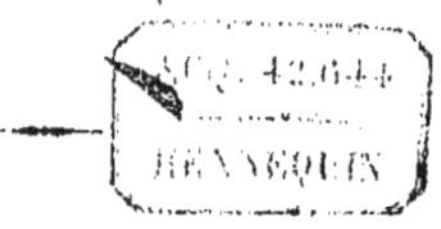

PARIS

IMPRIMERIE DE H. FOURNIER ET Cie
RUE SAINT-BENOIT, 7

1842

LA

PRÉFECTURE DE POLICE.

Surveiller les complots des ennemis du gouvernement et déjouer leurs tentatives, sans aucun pouvoir extraordinaire, sous l'empire d'une législation qui interdit toute arrestation préventive; assurer l'ordre et entretenir la sécurité dans une ville dont la population, y compris la banlieue, dépasse 1,100,000 ames, où sont rassemblés plus de 200,000 ouvriers, où fermentent les passions les plus désordonnées, où se donnent rendez-vous les bandits les plus dangereux; maintenir la liberté de la circulation dans plus de 2,000 rues, sillonnées par 60,000 voitures; conjurer tous les élémens d'insalubrité dans un foyer d'industrie qui agglomère sur quelques kilomètres carrés plus de 6,000 établissemens nuisibles, au sein d'un peuple immense entassé dans d'étroites demeures; faciliter les approvisionnemens, favoriser la distribution régulière des choses nécessaires à la vie dans un centre de consommation où s'engloutissent chaque année 145,000 quintaux métriques de farine, 950,000 hectolitres de vin, 42,000 hectolitres d'eau-de-vie, 170,000 bœufs, vaches ou veaux, 427,000 moutons, 83,000 porcs et sangliers, où se dépensent 5 millions de francs en marée, 8 millions en volailles et gibiers, 12 millions en beurre et 5 millions en œufs : tels sont en substance les devoirs importans et délicats du préfet de police.

Il dispose d'un budget qui excède 12 millions; il a sous ses ordres une garde de plus de 2,500 fantassins et 400 cavaliers, un corps de sapeurs pompiers de 830 hommes, des bureaux où travaillent, tout le jour et souvent la nuit, près de 300 employés, un service extérieur de commissaires, d'inspecteurs, de sergens de ville, d'agens de tous ordres, qui comprend plus de 2,000 personnes.

Son territoire, peu étendu, n'embrasse que le département de la Seine et les communes de Saint-Cloud, Sèvres et Meudon; mais aucune autre portion du royaume ne renferme une population aussi active, aussi pressée, et ses attributions sont plus complexes et plus nombreuses que celles d'aucun ministre.

Délégué du pouvoir politique, il répond de la sûreté du roi et de son gouvernement; magistrat, il remplit des fonctions judiciaires, fait constater les crimes, délits et contraventions, et en livre les auteurs aux tribunaux; administrateur du département, il est chargé des prisons, des mesures relatives aux aliénés, de la police des communes rurales, des secours pour remédier à la mendicité; dépositaire de l'autorité municipale, il exerce tous les pouvoirs de police qu'elle comporte.

Les attributions déférées par nos lois générales aux préfets des départemens et aux maires sont partagées à Paris entre le préfet de la Seine et le préfet de police. Dans ce partage, le premier a obtenu la part la plus brillante : à lui le soin d'encourager les arts, de soutenir par de grands travaux des milliers d'ouvriers, de secourir l'indigence, de répandre l'instruction, de présider à l'organisation des milices citoyennes. Il occupe le palais de la cité, plus somptueux, plus magnifique aujourd'hui que la résidence royale; il reçoit le chef de l'état dans les fêtes que lui donne sa capitale; il le harangue, au nom de la ville, à la tête du corps municipal; il est le maître des cérémonies de la vieille bourgeoisie parisienne, son intendant, son architecte. Il attache son nom à des établissemens nouveaux et le fait bénir pour des créations d'utilité publique dont il est l'exécuteur souvent passif.

Au préfet de police, au contraire, les attributions les plus pénibles, toutes les mesures de rigueur, l'administration des prisons, l'arrestation des prévenus, le transfèrement des condamnés. En butte aux préventions haineuses d'une opinion aveugle et ignorante, pour qui la police est un ennemi et non un protecteur, il n'obtient jamais que des succès négatifs, oublié si le calme règne, attaqué, compromis, si quelque désordre éclate. Son triomphe est dans la sécurité publique, bien précieux que la foule est heureuse d'obtenir, mais qu'elle juge d'autant plus simple et naturel qu'elle en jouit davantage. Il vit entouré de détenus, de gendarmes, d'agens de l'ordre le plus infime; sa demeure, qu'on s'apprête en ce moment à rendre plus digne, est sombre et triste : tout enfin semble conspirer pour lui donner un rang secondaire dans la hiérarchie des pouvoirs municipaux et pour dépouiller son titre de l'éclat et de la grandeur. Cependant, si l'honneur est le prix du péril et grandit avec lui, si la dignité d'une fonction doit se mesurer sur les services qu'elle est appelée à rendre, le préfet de police est le premier magistrat de la capitale. Paris, privé des avantages que lui procure l'administration du préfet de la Seine, languirait dans un douloureux abaissement, il cesserait d'être à la tête du monde civilisé, toutefois il survivrait encore à sa splendeur perdue; mais Paris, en proie à tous les maux qu'éloigne une police infatigable et vigilante, périrait bientôt dans les convulsions de l'anarchie.

L'empereur l'avait compris, et sa politique, toujours sensée comme le génie, travailla sans relâche à relever la magistrature du préfet de police. Il entretenait avec lui des rapports directs et journaliers, s'attachait à étendre ses attributions, à le placer très haut dans l'opinion; dans tous les conflits d'attribution, il lui accordait son appui. La restauration, dans le même esprit, conféra un instant au préfet de police le titre de ministre d'état. Le gouvernement de juillet n'a peut-être pas suffisamment apprécié les considérations d'intérêt général qui réclamaient au moins entre les deux préfets une stricte égalité. Depuis que la loi électorale les a exclus si impolitiquement de la chambre des députés, en leur ouvrant l'accès de l'autre chambre, l'élévation du seul préfet de la Seine à la pairie a placé son collègue, aux yeux du public, dans une sorte d'infériorité relative. Cependant cette dignité pourrait, sans déchoir, être attachée à des fonctions dont le souvenir ne dépare point les carrières les plus illustres et qu'ont successivement occupées le président et le grand-référendaire actuels de la chambre des pairs. On ne doit point prévoir qu'un des premiers postes de l'état appartienne à des hommes qui ne seraient pas dignes d'aller s'asseoir auprès de ces honorables prédécesseurs; le présent est une garantie pour l'avenir, et il est bon que la perspective de cet attribut, sinon nécessaire, du moins habituel, circonscrive les choix du gouvernement dans le cercle des personnages que leur caractère, leur vie entière et leur situation politique autorisent d'avance à y prétendre.

La préfecture de police a été créée en 1800, à l'époque où un pouvoir réorganisateur plaçait partout l'autorité dans ses conditions de force et de durée; pour la première fois, l'administration de Paris obéit à une direction simple et vigoureuse. En 1789, disséminée entre le lieutenant-général de police, le prévôt des marchands, les échevins, la chambre des bâtimens, le bureau des finances et même le parlement, elle manquait d'ensemble et d'unité; la confusion régnait dans son sein; un partage obscur d'attributions mal définies engendrait des luttes incessantes. En 1790, l'assemblée constituante désarmait le pouvoir; à Paris, comme sur tous les points du royaume, étaient constituées des autorités multiples et délibérantes, habiles pour le conseil, impropres à l'action. Le 10 août, en préludant à la sanglante usurpation de la commune de Paris, ne fondait qu'une dictature politique. Le directoire communiquait au pouvoir élevé sur les ruines de la commune la faiblesse et l'inconsistance qui le minaient lui-même et devaient promptement amener sa chute. Le consulat seul, ou plutôt l'homme de génie en qui il se personnifiait, reconnut la situation exceptionnelle d'une ville où se décident incessamment les destinées de l'état, la plaça sous l'autorité de deux magistrats nommés par le pouvoir central lui-même, investit l'un de l'administration proprement dite, l'autre de la police; mais, cédant à des ombrages que les circonstances expliquent autant que ses défiances politiques, il n'avait laissé aux vœux des citoyens qu'une expression factice et infidèle, dans un conseil municipal réduit, nommé comme les préfets et dépourvu d'une véritable autorité. La restauration, dont les partisans ne proclament les maximes de liberté qu'aux époques où ils n'ont point à les appliquer, laissa intacte cette organisation. Le gouvernement de juillet, plus loyal dans son libéralisme, a remis à l'élection le droit de composer le conseil municipal, augmenté le nombre de ses membres et donné entrée à ses séances aux deux préfets : c'est sous les yeux de cette représentation efficace et sincère qu'ils accomplissent leurs fonctions respectives. Le préfet de police, sans qu'aucune de ses attributions ait disparu, en contact avec un pouvoir électif, se trouve relevé dans l'opinion par la solidarité qui les unit ensemble, car, si les conseils élus gênent et entravent parfois les fonctionnaires qu'ils contrôlent, ils les grandissent et les fortifient plus souvent par leur adhésion; cette sanction populaire est surtout nécessaire à un magistrat chargé de la police : elle lui rend en considération plus qu'elle ne lui ôte en puissance.

Une loi, depuis long-temps promise, doit déterminer à la fois les droits respectifs du conseil municipal de Paris et des deux préfets, et le partage des pouvoirs entre ces derniers : elle devra, si nous ne nous trompons, beaucoup plus maintenir que réformer. Le conseil municipal exerce aujourd'hui, en vertu des lois, une autorité contenue dans de justes limites, et à laquelle il manque seulement d'être clairement définie. Quant aux attributions des deux préfets, la répartition de leurs pouvoirs ne soulève d'objections que sur quelques points peu essentiels, et une solution convenable sortira aisément de la discussion des chambres.

Il a paru qu'il serait de quelque intérêt de retracer l'organisation de la préfecture de police, ses moyens d'action, ses attributions. Ce tableau peut servir à la loi qui se prépare; il satisfera peut-être la curiosité de ceux qui aiment à se rendre compte des institutions politiques et administratives sous lesquelles ils vivent; il pourra fournir un terme de comparaison et un sujet d'études à l'étranger; il éclairera enfin l'opinion publique en dissipant d'injustes préjugés.

I.

Le préfet de police doit surveiller plus qu'agir, prescrire plus qu'exécuter, et, bien que ses employés intérieurs soient nombreux et occupés, c'est surtout au dehors et dans les services actifs que se manifeste son pouvoir.

Les bureaux concertent les mesures à prendre, donnent l'impulsion, recueillent et constatent les résultats; ils préparent, délibèrent, organisent, ils sont la pensée et l'intelligence. Les services actifs surveillent, exécutent, empêchent, préviennent, répriment. En rapport immédiat avec les citoyens, ils occupent tous les points, le jour, la nuit; ils sont les yeux, les bras de l'administration. Mais dans la multitude des devoirs qu'ils ont à remplir, le rôle d'instrumens passifs et muets ne suffirait point, et leur obéissance a toujours besoin d'être éclairée par la réflexion et guidée par le discernement.

Le travail intérieur est distribué selon les diverses attributions du préfet. Le cabinet particulier traite seul les questions politiques. Là, dans le secret, sous la garantie d'une confiance réciproque, se suivent les affaires les plus délicates, celles qui touchent à la sûreté de l'état, aux manœuvres des factions, aux sociétés secrètes, à leurs conciliabules : affaires périlleuses qui engagent la responsabilité du chef, et dont il doit se réserver l'appréciation directe et exclusive. Deux divisions, que leur titre définit suffisamment, la division de sûreté et la division administrative, se partagent les affaires non politiques; le secrétariat-général dirige les intérêts propres à l'administration considérée en elle-même, le personnel, le matériel, et un certain nombre d'objets non classés dans les divisions. Les bureaux de la préfecture de police ne diffèrent de ceux des ministères ou des grandes administrations qu'en ce qu'ils exigent des employés qui les composent une promptitude spéciale d'examen, de décision et d'expédition.

L'organisation des services extérieurs est forte et puissante.

Chacun sait que Paris est divisé en 12 arrondissemens et 48 quartiers : dans chaque arrondissement est établie une brigade d'inspecteurs et de sergens de ville, sous la direction d'un officier de paix; dans chaque quartier réside un commissaire de police, secondé par un ou deux secrétaires, collaborateurs sédentaires, et par un inspecteur de police au moins et un porte-sonnette, agens extérieurs et d'exécution.

Les commissaires de police sont indépendans des officiers de paix et leurs supérieurs dans l'ordre de la hiérarchie. Ils sont nommés par ordonnance du roi, relèvent à la fois du préfet de police qui les tient sous son autorité, et du procureur du roi dont la loi les a faits les auxiliaires. Ils ont leur bureau toujours ouvert, et y remplissent un ministère de conciliation et d'ordre fort utile, fort apprécié de la population parisienne, qui trouve en eux des arbitres et des pacificateurs. Ils se tiennent à la disposition dès citoyens qui réclament assistance dans quelque trouble public ou privé, reçoivent et interrogent les individus arrêtés, veillent à l'exécution des ordonnances de police, à tout ce qui concerne la salubrité, la propreté, etc. Pendant quelque temps, ils portèrent le titre de magistrats de sûreté, et peut-être à Paris auraient-ils dû le conserver, car ils remplissent une véritable magistrature, et la sûreté des citoyens trouve en eux d'énergiques défenseurs. Ils entretiennent des relations directes et journalières avec le préfet qui les emploie dans tous les services de l'administration.

Les officiers de paix, les inspecteurs non attachés aux commissaires et les sergens de ville appartiennent à un bureau central, placé auprès du préfet sous la direction d'un commissaire et désigné sous le titre de *police municipale*.

La police municipale est la source de toute la surveillance de la cité : c'est elle qui répartit dans les douze arrondissemens les brigades attribuées à chacun, et met en mouvement, selon les circonstances et les besoins de chaque jour, les brigades centrales réunies autour d'elle, les unes sans affectation spéciale, toujours disponibles à titre de renfort général, les autres chargées d'attributions distinctes, surveillant les filous ou les prostituées, les voitures publiques ou les hôtels garnis; toutes constituées de manière à pouvoir se réunir à la fois, en un instant, sur le même lieu, pour intervenir, au nom de la loi, dans tout ce qui menace le repos des citoyens. Plus de 600 agens dépendent de la police municipale; elle constitue une force permanente et une réserve éventuelle; son organisation est telle que, sans superfétation, sans dépense perdue, elle fournit ensemble à Paris, pour les temps ordinaires, les agens nécessaires à l'exécution des lois, et, pour les jours d'agitation, une troupe active, courageuse, facile à mouvoir et toujours prête à saisir les auteurs ou les complices du désordre.

Outre les commissaires de police et la police municipale, qui embrassent dans leur action toutes les attributions du préfet, un personnel distinct d'inspecteurs est exclusivement attaché à plusieurs services spéciaux, ressortissant, selon leur objet, à l'une des deux divisions intérieures : la bourse a son commissaire de police et ses gardes; la halle aux grains, son contrôleur et ses deux inspecteurs; les halles et marchés, leur inspecteur-général et 34 inspecteurs, préposés ou commis; les abattoirs, 6 inspecteurs; la navigation et les ports, un inspecteur-général et 28 inspecteurs, sous-inspecteurs et préposés; le mesurage public et l'inspection des bois et charbons, 41 inspecteurs ou préposés; la vérification des poids et mesures, 6 commissaires de police inspecteurs. Douze dégustateurs procèdent à la visite des caves et des vins du commerce de détail. Le nettoiement, l'arrosement et l'éclairage occupent un directeur et 80 inspecteurs ou agens de divers grades; la petite voirie, 17 architectes et inspecteurs; les voitures publiques, 95 contrôleurs et surveillans. Deux ingénieurs et un inspecteur sont attachés à la surveillance des établissemens dangereux, incommodes ou insalubres, un médecin à la Morgue, et enfin 12 médecins au dispensaire de salubrité.

La garde municipale, dont une sage politique a augmenté derniè- rement le personnel, prête à ces nombreux agens l'appui d'une force publique qui se distingue par sa discipline, son dévouement et son expérience, troupe d'élite composée des meilleurs soldats de toute l'armée, digne de la confiance de l'autorité et du public, habituée à ménager, tout en le contenant, le peuple de Paris, qui vit avec elle, et dont la susceptibilité jalouse s'irriterait de tout procédé brutal. Le préfet dispose de la garde municipale, dirige son service de jour et de nuit, lui adresse ses réquisitions quand elle lui est nécessaire, et peut compter sur son inébranlable fermeté toutes les fois que les conseils, les avertissemens, les instances personnelles des agens civils n'ont pas suffi pour rétablir la paix troublée et rendre aux lois leur empire.

Les sapeurs-pompiers, aujourd'hui en nombre inférieur aux be- soins de la population, portent, partout où l'incendie éclate, le se- cours d'une adresse qui ne s'arrête devant aucun obstacle et d'un courage que n'ébranle aucun danger.

Tels sont les divers auxiliaires de la préfecture de police. Cette énumération ne contient toutefois que les agens ostensibles et dési- gnés au budget. En dehors de ce nombre, d'autres exercent, tant pour les affaires politiques que pour la police de sûreté, des fonctions secrètes; il en sera question plus tard, à l'occasion des services même auxquels ils sont attachés.

La simplicité pratique de cet ensemble frappe et satisfait. On com- prend qu'elle doit aider puissamment le préfet dans l'accomplissement de son immense tâche : auprès de lui, ses bureaux; au-delà, répandus sur son territoire, ses agens de tous ordres; il leur donne l'impulsion et s'assure, par les rapports qu'ils lui adressent, de leur exactitude et des résultats qu'ils ont obtenus; il est représenté dans chaque quartier par un fonctionnaire intéressé à faire aimer et respecter l'administration, dans chaque arrondissement par un agent d'exécu- tion préoccupé avant tout des droits et des devoirs de la police; il dispose de ses brigades centrales pour montrer partout son bras tuté- laire. Il se tient sans cesse au courant des évènemens, connaît les vœux de la population, ses souffrances ou ses joies, et, dans un rapport journalier, avertit le gouvernement de tout ce qui peut éclairer sa marche. Il applique aux intérêts plus spéciaux un ordre déterminé d'agens, et appuie, s'il le faut, ses ordres sur l'épée de la garde municipale, qui, de concert avec les sapeurs-pompiers, veille en même temps aux besoins matériels de la cité.

Les sergens de ville ont reçu un uniforme à l'époque même de leur création, sous l'administration éclairée et populaire de M. Debelleyme. Une ordonnance récente a assigné aux commissaires de police, pour les cérémonies publiques, un costume officiel; la ceinture tricolore suffit à signaler leur caractère dans les circonstances ordinaires. Les officiers de paix portent aussi dans les cérémonies un habit brodé et une ceinture bleue; la plupart des inspecteurs des services spéciaux ont également un uniforme : ainsi presque tous les employés extérieurs et actifs accomplissent ostensiblement leur ministère, et la population, loin d'en prendre ombrage, n'en témoigne que plus de confiance. Cependant, même parmi les agens ostensibles, plusieurs ne peuvent pas toujours dénoncer leur présence par des signes extérieurs qui paralyseraient la surveillance et annuleraient la répression. L'administration apprécie les circonstances et donne ses instructions. Elle a intérêt à faire connaître elle-même ses agens, toutes les fois que des obstacles puissans ne s'y opposent point; l'exemple des sergens de ville est concluant: les anciens agens de police dont ils ont pris la place tenaient le dernier rang dans l'opinion du peuple; les plus grossières épithètes flétrissaient leur personne, les plus vives résistances entravaient leur action; les sergens de ville sont à l'abri de ces difficultés. C'est que le mystère et la surprise offensent et excitent le soupçon. Au contraire, on rend justice à l'agent zélé qui s'offre aux regards de tous et accepte hardiment la responsabilité de ses œuvres.

Tous les agens de la préfecture dépendent exclusivement du préfet; il peut révoquer ceux dont la nomination lui appartient et les suspendre tous; il règle leurs traitemens et dispose d'eux en toute liberté. Ce pouvoir absolu, tempéré seulement par nos mœurs équitables et modérées, fortifie l'autorité du chef sur ses subordonnés.

Quelques réflexions nous sont suggérées par l'examen de l'organisation qui vient d'être retracée.

Les commissaires de police ne sont pas assez exclusivement sous la direction du préfet. Auxiliaires du procureur du roi, et, à ce titre, obligés d'obéir aux juges d'instruction, qui leur délèguent des actes de leurs fonctions, ils peuvent être gênés dans l'accomplissement de ces doubles devoirs, et recevoir à la fois des ordres dont l'exécution simultanée est impossible : on a vu l'autorité judiciaire contrarier les mesures prises par le préfet, et les actes qu'elle ordonnait nuire à l'instruction même commencée par ses soins. Sans doute, les décisions des magistrats de l'ordre judiciaire doivent toujours prévaloir; mais, sans subordonner la justice à la police, un concert préalable pourrait être établi. M. Gisquet, dans ses Mémoires, traite longuement cette question, et se plaint avec raison des refus persévérans des juges d'instruction, malgré l'appui prêté à ses réclamations par M. le procureur-général Persil.

Quelques conflits peuvent s'élever aussi entre les commissaires de police et les officiers de paix et autres agens de la police municipale. Les premiers, placés à demeure dans leur quartier, et disposés quelquefois à des concessions abusives pour s'y faire bien venir, supportent impatiemment la concurrence des officiers de paix, agens mobiles, moins désireux de popularité et plus décidés dans leurs mesures. Supérieurs à ces agens par leur titre, ils subissent cependant chaque jour leur censure indirecte. Le commissaire circonscrit dans un quartier entretient des rapports obligés avec l'officier de paix préposé à la surveillance de tout un arrondissement, et l'étendue de son ressort donne à celui-ci une importance contradictoire avec l'infériorité de son titre. La fermeté du chef de la police municipale peut adoucir ces frottemens, mais non les éviter tout-à-fait. Peut-être conviendrait-il de soumettre tous les agens extérieurs de la préfecture à l'inspection de fonctionnaires supérieurs, espèce de sous-préfets ou de commissaires centraux de police, dont l'autorité prédominante étoufferait toute collision et imprimerait au service une constante unité.

Depuis la révolution de juillet, pour prix d'un zèle qui pouvait être autrement récompensé, les officiers de paix ont été appelés, par voie d'avancement, aux fonctions de commissaires de police. On a ainsi confondu deux carrières distinctes. Le magistrat de police et l'agent d'exécution doivent marcher parallèlement, mais ne jamais se rencontrer dans leur avancement : il convient que les premiers se recrutent parmi les jeunes avocats, les secrétaires des commissaires de police, les employés des bureaux, et les seconds parmi les agens actifs les plus hardis et les plus adroits. Un avenir convenable doit être assuré aux officiers de paix, mais leur introduction dans le corps des commissaires de police offre des inconvéniens de plusieurs natures; elle peut altérer la bonne composition de ce corps et livrer les commissaires à une surveillance qu'un intérêt d'avenir expose à devenir partiale.

On a pensé depuis long-temps à consacrer dans chaque quartier un édifice spécial au commissariat de police, comme la mairie et la justice de paix. Cette création serait d'une grande utilité. Souvent les commissaires de police occupent dans des rues peu centrales de leur quartier, à des étages élevés, des appartemens mal distribués et resserrés; s'ils changent de domicile, toutes les habitudes de la population sont dérangées. Ces inconvéniens disparaîtraient. Au logement du commissaire de police et de son secrétaire seraient annexés : 1° un corps-de-garde; 2° un poste de pompiers; 3° des brancards, des boîtes de secours et même un poste médical, si cette bienfaisante institution était officiellement adoptée. La dépense des terrains et constructions serait presque entièrement couverte par la suppression des loyers, allocations et indemnités que ces divers services occasionnent aujourd'hui. Déjà, à une époque antérieure, une compagnie de spéculateurs avait fait des propositions qui, moyennant des sacrifices peu considérables, auraient doté Paris de ces établissemens.

A part quelques critiques de détail, quelques améliorations possibles, l'organisation de la préfecture de police est bonne, et laisse peu à désirer; successivement perfectionnée, elle est le produit de l'expérience et non d'une vaine théorie : c'est ainsi que se forment les institutions solides et les administrations régulières.

II.

Le préfet de police, pour l'accomplissement de ses fonctions, est investi de deux droits importans qui sont comme la base et le couronnement de son autorité. Il fait des règlemens qui ont force de loi; il livre aux tribunaux ceux qui violent ces règlemens, et a droit de décerner des mandats contre tout prévenu de crime ou de délit.

Le pouvoir de faire des règlemens appartient à tous les maires, et c'est comme exerçant une partie de leurs fonctions que le préfet de police en est investi; mais les maires sont subordonnés aux préfets, et, à Paris, le magistrat chargé de la police est à la fois maire et préfet : pour ses attributions spéciales, il ne relève que du ministre. L'étendue de sa juridiction, son rang dans l'ordre administratif, la grandeur des intérêts soumis à son autorité, contribuent également à donner de l'importance aux mesures qu'il prescrit. La loi, comme pour les placer au-dessus des simples règlemens des maires, les qualifie d'ordonnances, à l'instar des dispositions qui émanent de la puissance royale.

On trouverait dans le recueil des ordonnances du préfet de police depuis 1800 les plus précieux documens. Le caractère propre à chacun des gouvernemens qui se sont succédé depuis cette époque y paraîtrait dans tout son jour; la police de Paris porte toujours le cachet du pouvoir qui règne : violente et absolue sous un gouvernement qui repousse tout contrôle, tracassière et inquisitoriale avec celui qui craint et élude, faible et hésitante quand les partis politiques la maîtrisent. On ferait presque l'histoire de Paris avec celle des ordonnances de police. Aux époques de troubles civils, les intérêts purement administratifs sont relégués au second plan; la nécessité de défendre les pouvoirs publics parle seule, et seule est écoutée; des dispositions sont prises contre les attroupemens, les tumultes, les réunions nocturnes; les passeports deviennent l'objet de précautions spéciales; les hôtels garnis, les étrangers, les ouvriers, sont soumis à des obligations minutieuses et parfois vexatoires : une sorte de suspicion légale s'appesantit sur tous les habitans, obligés de se munir de papiers, de se tenir toujours prêts à justifier de leur identité, et rencontrant presque à chaque pas un ordre de police qui entrave leur marche. Dans les temps calmes, la salubrité, le bien-être, le *comfort*, s'il est permis d'employer ce mot, reprennent leur importance; le préfet, par ses ordonnances, s'attache à aider au mouvement des hommes et des affaires, à rendre la vie douce et heureuse aux habitans de Paris, à prévenir les embarras, à créer les facilités, à faire jouir chacun de la plus grande somme de liberté et d'aisance compatible avec le droit d'autrui.

Mais c'est surtout sous le rapport administratif que les ordonnances de la police de Paris sont dignes d'être étudiées; nul code n'est aussi complet, nul traité de jurisconsulte aussi instructif que cette législation pratique, usuelle, inspirée par les besoins de chaque jour; elle fournirait un enseignement fécond aux préfets des départemens, aux maires des grandes villes. Il est curieux de la suivre dans ses phases diverses, dans ses méprises, dans ses tâtonnemens. Certaines matières ont été traitées à plusieurs reprises par de nombreuses ordonnances qui se sont modifiées, complétées, remplacées l'une l'autre; on y voit les articles supprimés, changés ou ajoutés pour obtenir le but proposé, et la comparaison des premières dispositions avec celles qui leur ont été substituées indique clairement les nécessités propres à chaque ordre de faits.

Les ordonnances de police sont obligatoires, comme on sait, pour tous les citoyens, pourvu qu'elles ne dépassent point la limite des attributions du préfet. Quand des doutes s'élèvent, la cour de cassation résout définitivement la question. La jurisprudence de cette cour atteste une grande sagesse, une haute intelligence des nécessités administratives; elle fait une large part à l'autorité du préfet et lui a reconnu des droits fort étendus : utile exemple donné à tous les corps judiciaires par la première cour du royaume, heureuse conciliation de la justice et de l'administration, ces deux pouvoirs parallèles qui doivent se prêter un mutuel secours et ne jamais user leurs forces dans de misérables rivalités.

Les nombreux agens dont on a vu la nomenclature sont chargés pour la plupart, chacun dans sa sphère, de constater les contraventions commises au mépris des ordonnances du préfet. Les procès-verbaux qu'ils dressent sont déférés au tribunal de police municipale, tenu par un juge de paix, et auprès duquel les fonctions du ministère public sont remplies par un commissaire de police, exclusivement appelé à cet emploi. Les contraventions ainsi constatées se comptent par milliers chaque année; des amendes sont prononcées contre les contrevenans, et, en cas de récidive, ils peuvent être condamnés à un emprisonnement dont la durée est fixée au *maximum* de cinq jours. Cette loi n'est pas toujours assez sévère; mais, à Paris, par un effet contraire, la répression est ordinairement incomplète ou excessive : les procédures trop longues coûtent, en certains cas, le décuple de l'amende encourue; le tribunal de police municipale où siègent à tour de rôle les douze juges de paix de Paris, tantôt rigoureux, tantôt indulgent outre mesure, ne s'astreint à aucune jurisprudence; enfin, la plupart des condamnations ne s'exécutent point, faute de ressources chez les délinquans. Les vices évidens de ce régime appellent toute l'attention du législateur et sollicitent une prompte réforme.

Indépendamment des arrestations exécutées par ses subordonnés, en vertu du droit commun, dans les cas de flagrant délit et de vagabondage, arrestations qui, en 1840, ont excédé le nombre de 13,000, le préfet de police est autorisé, par l'article 10 du code d'instruction criminelle, à décerner des mandats d'amener et des mandats de perquisition lorsqu'un crime ou un délit lui sont révélés. Cette faculté, exercée à propos, contribue à empêcher l'évasion des prévenus, la destruction des pièces de conviction; elle comporte une grande célérité et l'emploi de moyens dont l'autorité judiciaire serait dépourvue; elle est le complément de la surveillance de la police, dont elle recueille et féconde les résultats. Les préfets des départemens, investis du même droit, n'en usent point; la différence des situations explique suffisamment comment un pouvoir presque indispensable à Paris est, pour ainsi dire, tombé en désuétude dans le reste de la France.

Les individus arrêtés par les agens inférieurs sont conduits chez le commissaire de police, qui les interroge et peut, selon les cas, ordonner immédiatement leur mise en liberté. S'il trouve l'arrestation régulière, il les dirige avec les pièces sur la préfecture de police, et de là, dans les vingt-quatre heures, ils passent entre les mains de l'autorité judiciaire.

Le préfet de police participe par le droit de rendre des ordonnances au rôle du législateur, par le droit de dénonciation aux fonctions du ministère public, par celui d'arrestation et de recherche aux fonctions des magistrats instructeurs. Tous ces pouvoirs sont absolument nécessaires, il n'est peut-être aucun pays où la police n'en ait pas reçu de plus considérables. Cependant ils suffisent : il faut même reconnaître que, confiés à des mains imprudentes, ils pourraient autoriser des actes de violence. Mais sous un régime de liberté et de publicité, avec des journaux ouverts à toutes les plaintes et toujours disposés, quand elles sont dirigées contre la police, à les accueillir favorablement, avec une tribune et le droit illimité d'interpellation, avec la responsabilité du ministre que le préfet de police engage par tous ses actes, les abus, difficiles à prévoir, seraient promptement réprimés.

Toutes les ressources dont dispose le préfet viennent d'être énumérées; on l'a vu entouré d'agens nombreux, secondé par ses bureaux, suppléé au dehors par une légion d'employés de tous ordres, par une force armée ferme et dévouée, investi du droit de faire des ordonnances obligatoires pour ses administrés, autorisé à livrer aux tribunaux tous les prévenus d'infractions aux lois pénales, et à s'assurer de leur personne en cas de crime ou de délit. Il reste à parler de ses attributions : elles sont de trois sortes : elles touchent à la politique, à la sûreté publique ou à la police administrative, et seront retracées dans cet ordre et d'après cette division.

III.

* La police politique est secrète de sa nature : les factieux trament leurs complots dans l'ombre; c'est dans l'ombre que le gouvernement doit les suivre, épier leurs démarches, surprendre leurs projets.

Elle est essentiellement préventive. Les attentats de la sédition menacent la société entière et mettent en péril ses biens les plus chers; la victoire, en la supposant certaine, laisse après elle de longs ressentimens et prépare souvent de cruelles représailles. Un gouvernement se consolide rarement par des accusations politiques; ce qu'il gagne à faire connaître les menées de ceux qui l'attaquent, à effrayer le pays sur des doctrines de sang, il le perd à se montrer exposé à des complots répétés; le peuple ne croit pas à la force du pouvoir que les factions ne se fatiguent point de combattre, condamné chaque jour à descendre sur la place publique pour entrer en lutte avec d'obscurs ennemis, à dresser des échafauds pour les punir. L'esprit d'imitation, la contagion de l'exemple, si puissans dans les troubles civils, pervertissent les esprits faibles et enfantent de nouveaux attentats. Enfin les procès politiques n'offrent que des chances contraires; des absolutions déconsidèrent les magistrats chargés de la poursuite; des condamnations exposent le chef de l'état au reproche de cruauté s'il laisse exécuter, de mollesse et parfois de lâcheté s'il fait grace. Tout concourt donc pour que la police politique s'attache surtout à prévenir les complots.

Quelques hommes, dont les illusions n'ont point cédé aux froides leçons de l'expérience, condamnent la police politique et l'accusent d'immoralité et d'impuissance; mais si la société a, autant et plus sans doute que le dernier des citoyens, le droit de veiller à sa défense, comment lui interdire de pénétrer dans les ténèbres où se forgent les armes préparées contre elle? Et s'il est vrai que la police n'a pas découvert tous les complots, il est peu logique d'en conclure qu'elle n'en découvre aucun; malgré la discrétion qui lui est commandée, assez de circonstances ont prouvé l'efficacité de ses recherches.

La police politique, toujours recommandable par son but, peut encore être estimable par ses moyens; quand elle se renferme scrupuleusement dans une observation passive, quand elle interdit sévé-

rement et punit sans pitié toute provocation, loin de déshonorer le magistrat qui la dirige, elle lui crée, après d'utiles et laborieux services, des titres incontestables à la reconnaissance publique.

A toutes les époques, une police politique a tenu le gouvernement au courant des menées de ses adversaires. Peut-être, dans les temps de passions violentes, ne trouvera-t-on ni agens ni crédits financiers affectés à cet objet; mais la délation qui se donne par fanatisme n'est pas plus sincère que celle qui se vend par intérêt : souvent le dénonciateur qui se pique le plus de désintéressement recherche pour salaire les places, la faveur politique, la participation aux affaires publiques. Somme toute, si une police secrète est nécessaire, la moins mauvaise est encore celle dont les agens, soumis à des devoirs clairement définis, peuvent être expulsés en cas d'infraction; de tels instrumens, plus dociles, plus souples, plus faciles à contenir, sont moins dangereux pour la main qui s'en sert.

Le préfet de police est chargé à Paris de la police politique; le ministre de l'intérieur la conserve dans ses attributions, et de leur action simultanée peuvent résulter des malentendus et des conflits. Il importe donc que le préfet possède toute la confiance du ministre, et qu'un concert loyal et sans arrière-pensée assure le succès de leurs efforts communs; ce concert est d'autant plus nécessaire qu'il n'est pas une trame ourdie dans les départemens, redoutable ou fragile, grave ou légère, qui n'ait à Paris son centre ou au moins des ramifications. Ni le ministre ni le préfet ne sauraient demeurer étrangers à la police politique : le premier, appelé à embrasser toute la France de son regard, ne peut fermer les yeux sur Paris; le second possède de tels moyens d'information et d'enquête, que le gouvernement perdrait, en se privant de son concours, les plus précieuses ressources. Cette nécessité admise, le ministre doit mesurer la part de son subordonné, et celui-ci ne jamais chercher à l'étendre; la police politique n'est pas une attribution obligée de la préfecture de police, elle n'y est placée que par une délégation du ministre, qui a toujours le droit d'en fixer les conditions et l'importance.

Les auxiliaires du préfet, dans ses investigations politiques, sont de deux natures : ostensibles ou secrets. Dans un grand nombre de cas, pour la plupart des informations, les agens publics sont employés; mais, pour pénétrer dans le sein même des partis, l'intervention d'agens secrets est indispensable.

Les agens secrets de la police politique, voués d'abord à d'autres habitudes, sortis des emplois ordinaires de la vie, ont été pour la plupart réduits à ce métier par le besoin, la vanité, le goût du plaisir, le désordre. Quelques femmes s'y adonnent aussi dans des conditions analogues, pour couvrir de folles dépenses, pour se créer dans le monde une position que leur interdirait la médiocrité de leur fortune : elles y déploient de la finesse, de l'esprit d'intrigue, le génie de la curiosité; mais, trop souvent dominées par de petites passions, elles méritent peu de confiance. Quelques agens cèdent à de dures nécessités : en 1831, la préfecture recevait les plus utiles révélations d'un jeune étudiant, fort intelligent, à qui un modique salaire ainsi gagné, souvent au péril de ses jours, permettait d'être le soutien d'une mère et d'une sœur, et de subvenir aux frais de ses cours. Certains renseignemens sont communiqués sous l'inspiration de sentimens honorables et désintéressés; d'autres, en plus grand nombre, sous l'impression de la crainte. Des hommes timides se laissent enrôler dans un complot, dans une société secrète, par faiblesse, par entraînement, sans en peser les conséquences; plus tard, la terreur les gagne, leur esprit se trouble; se dégager de liens funestes serait un péril : ils n'osent les rompre, et achètent au moins l'impunité par leurs révélations. D'autres organisent des complots pour les dénoncer. Un préfet de police se trouva un jour fort embarrassé, confident qu'il était de cinq ou six chevaliers d'industrie qui se trahissaient mutuellement et ne s'étaient mis à conspirer ensemble que pour se procurer respectivement les profits d'une délation; il connaissait les divers affiliés, entretenait des rapports avec eux, et tenait tous les · fils du complot dont on aurait pu le croire l'ame et le chef. Ils se borna à communiquer à chacun de ces Catilinas supposés les renseignemens fournis par ses prétendus complices.

En général, les services de police s'obtiennent à peu de frais. La concurrence est très grande, les consciences se tarifent à très bas prix. Chaque jour de nombreux candidats se présentent, et la correspondance est pleine d'offres de service.

Le préfet de police ne peut apporter trop de soin, trop de circonspection dans l'examen des documens fournis par ses agens; les uns le trompent sciemment, d'autres, en plus grand nombre, apportent dans la composition de leurs rapports une extrême légèreté; d'autres, ce sont les moins coupables, se bornent à des renseignemens vagues et sans intérêt. Une juste défiance doit s'attacher à tous : le rapport d'un seul mérite rarement créance, il doit être confirmé, contrôlé, vérifié à l'aide d'autres documens. Les circonstances doivent être pesées, le caractère de l'agent apprécié, sa situation, ses habitudes, prises en considération. Peu de fonctions exigent plus de tact, de connaissance du cœur humain, de finesse et d'activité, que la direction de la police politique.

A l'aide des instrumens dont il dispose et des renseignemens qu'il se procure, à prix d'argent ou gratuitement, le préfet est informé des faits les plus graves, et, s'il ne connaît pas tous les actes préparés contre la paix publique, du moins le plus grand nombre lui est révélé.

Beaucoup de personnes, même des plus éclairées, s'imaginent qu'il sait tout ce qui se passe dans Paris, que pas un désordre de famille, une aventure scandaleuse, presque une querelle de ménage, ne lui échappent. Elles désireraient, disent-elles parfois, exercer cette fonction, ne fût-ce que vingt-quatre heures, afin d'obtenir des révélations si curieuses, si piquantes, si dignes d'attention. A les entendre, on se croirait encore au temps où le lieutenant-général de police avilissait son caractère pour distraire la vieillesse d'un roi blasé par la débauche. Autre est aujourd'hui la police : elle se refuse à ces indignes recherches. Pour elle aussi, la vie privée est murée, car l'esprit de faction qu'elle poursuit appartient à la vie publique, même quand il se couvre d'un voile. Des informations réclamées par les familles elles-mêmes font quelquefois entrer la police dans leurs secrets intérieurs, mais elles sont rares, recueillies avec une extrême réserve et ensevelies dans un religieux secret. Quant à celles qui touchent à la politique, elles se renferment dans leur objet; la police serait coupable de violer les mystères de la vie intime et de profaner le sanctuaire domestique.

Mais elle doit être présente partout où s'organise la sédition, dans l'atelier où s'enrégimentent des soldats pour la révolte, dans le cabaret où des affidés se réunissent, à certains jours donnés, pour concerter l'émeute ou l'attentat, au sein des sociétés secrètes où le meurtre et l'assassinat se placent sous la garantie sacrilége d'un serment odieux; elle doit saisir les publications clandestines qui enflamment des ames crédules, les armes, les dépôts de poudre, exécrables munitions de la guerre civile, et s'emparer de tous les agitateurs qui se disposent à porter le trouble dans nos cités et le deuil dans nos familles. Elle doit aussi élever ses regards plus haut, heureuse et fière quand elle sait dépouiller de leur lâche incognito les chefs de ces tentatives anarchiques, ceux qui, se tenant à l'ombre, exposent au péril de pauvres victimes dont ils ont égaré l'ignorance et trompé la bonne foi : détestables ambitieux qui cachent sous les dehors du patriotisme les plus égoïstes désirs, les passions les plus cupides.

L'état actuel de nos mœurs a presque entièrement détruit l'intérêt de la police dans le grand monde et dans les salons. Ce n'est point là que l'on conspire. Des institutions qui font concourir au gouvernement une foule de citoyens dans le parlement et dans les conseils électifs, et lui donnent pour appuis tous ses coopérateurs, ont supprimé les complots qu'une monarchie absolue voit éclater quelquefois dans le palais du souverain. Les progrès de la démocratie ont fait descendre dans les rangs les moins élevés les pensées de conspiration, et l'hostilité contre le gouvernement se traduit en révoltes et en attentats sur nos places publiques. Autrefois la police des salons s'attachait surtout à interroger l'opinion, qu'une presse bâillonnée ne pouvait reproduire, et à suivre certains hommes qu'une prison d'état pouvait à tout moment réduire à l'impuissance; aujourd'hui, grace à Dieu, les journaux sont libres et les prisons d'état abolies. Chaque parti révèle tous les matins dans ses gazettes ses espérances et ses craintes : les adversaires du gouvernement sont connus et avoués, et les plus éminens prennent la tribune politique pour la confidente assez peu discrète de leurs griefs et de leur hostilité. Au milieu des lumières d'une telle publicité, qu'apprendrait d'essentiel une police secrète dans les salons?

Il est interdit à la police politique de servir jamais des intérêts purement ministériels ou privés. Son intervention n'est nécessaire et par conséquent légitime que quand elle s'applique à des actes dangereux ou punissables. Il y aurait une sorte de prévarication à dépenser ses ressources pour un vil espionnage personnel, pour observer de simples adversaires politiques et pour chercher un texte à des accusations de parti ou à de méprisables récriminations.

Quand tous les rapports sont faits, tous les renseignemens réunis, tous les résultats coordonnés, commence le rôle du magistrat qui la dirige. C'est à son esprit politique de tirer les conséquences des faits révélés, d'ordonner les mesures qu'ils rendent nécessaires. Si ces faits constituent un crime ou un délit, si des preuves suffisantes peuvent être obtenues, si le retentissement d'un procès n'est pas plus nuisible qu'avantageux, la justice doit être saisie, et l'administration, après lui avoir transmis ses documens, la laisse accomplir librement son ministère. Le plus souvent néanmoins, les élémens d'une poursuite judiciaire sont absens; le gouvernement est convaincu, mais la justice n'acquerrait point une certitude légale. Alors mille embarras arrêtent l'administration; une terrible responsabilité pèse sur elle; elle connaît le complot et ne peut ni en faire punir les auteurs, faute de preuves, ni s'emparer d'eux, faute d'autorité; si elle prend des précautions, elle est accusée de vouloir alarmer le pays, de créer des inquiétudes pour servir ses vues politiques, ou de s'abandonner lâchement à des craintes sans fondement; si le désordre éclate, on lui reproche de ne l'avoir point prévenu, d'avoir laissé se perdre des hommes égarés qu'elle pouvait retirer de l'abîme, qui sait? de les y avoir peut-être attirés par d'abominables provocations. L'esprit de parti est ingénieux, inventif, et imagine des attaques pour toutes les hypothèses. Si ces attaques sont inévitables, que du moins la prudence des magistrats leur ôte tout fondement. Quand la poursuite est dangereuse et n'offre pas un résultat certain, l'administration doit recourir aux moyens qui lui sont propres. Elle peut inquiéter les coupables en leur laissant voir qu'ils sont découverts, jeter la division dans leurs rangs en montrant que des traîtres s'y cachent, détacher des affidés par la persuasion, la crainte ou l'intérêt. Ces moyens, habilement mis en usage, ont souvent mieux servi la chose publique que le luxe des poursuites et la rigueur des condamnations. Les violateurs des lois sont accessibles à des craintes, à des soupçons, que le moindre incident entretient et irrite; il est facile de les décontenancer, de leur susciter des obstacles qui, sans changer leurs dispositions, les empêchent de se livrer à aucun acte sérieux et redoutable. Cependant le gouvernement se tient sur ses gardes, la police veille sans bruit, toujours prête, si elle ne peut déjouer de coupables projets, à prévenir le danger en cas d'exécution et à éclairer les pas de la justice.

IV.

Le domaine de la police de sûreté est illimité : tout ce qui touche à la défense des personnes ou des propriétés lui appartient. La police politique a des détracteurs; la police de sûreté n'en a point; elle n'excite de plaintes que quand elle n'atteint pas son but, et ceux qui pensent que le gouvernement ne doit prendre aucune mesure contre les actes qui menacent sa sûreté trouvent très bonnes toutes celles qui tendent à défendre leur bourse ou leur existence.

La police de sûreté est présente partout où se font de grands rassemblemens, dans les théâtres, dans les fêtes, dans les promenades où se presse la foule. L'émeute et la sédition la font apparaître sans délai : partout elle a pour éclaireurs ses agens, et pour force suprême la garde municipale, et au besoin toutes les troupes d'une garnison nombreuse. C'est elle qui assure l'exécution des lois et des ordonnances relatives à la surveillance des personnes, qui délivre des passeports aux voyageurs, des permis de séjour ou des livrets à ceux que la loi assujétit à cette mesure d'ordre, qui vise les passeports des étrangers, les cartes de sûreté exigées dans quelques situations spéciales, les permissions ou congés accordés à des militaires, qui visite les hôtels garnis et en suit le mouvement. Selon les circonstances, elle se montre tolérante ou rigoureuse dans son action, et s'attache avec un soin constant à n'imposer aux citoyens aucune gêne inutile.

A ces mesures générales, elle joint des précautions spéciales dans certains cas déterminés : un aliéné se livre à des actes de violence, il est enfermé; un enfant a été abandonné sur la voie publique, il est placé dans un hospice; un citoyen a disparu, des recherches sont faites pour le retrouver; une mort subite et imprévue inquiète le public, les hommes de l'art en constatent la cause; la flamme dévore une maison, les pompiers accourent étouffer l'incendie; les professions dangereuses sont réglementées; certaines armes prohibées, ceux qui les vendent soumis à des injonctions particulières; les maisons d'aliénés, celles où les enfans sont placés en sevrage visitées, tenues à des formalités nombreuses; des secours sont organisés, des instructions répandues pour rendre à la vie les noyés et les asphyxiés : partout où l'existence d'un homme est en péril, la police apporte une lumière, une précaution, un secours.

Cette protection ne s'arrête point aux personnes. Si des loteries et des maisons de jeu clandestines se substituent aux établissemens officiels, que le gouvernement de juillet a eu la gloire de supprimer, des agens adroits les surprennent et les livrent aux tribunaux. Si des jeux de hasard sur la voie publique tendent leurs embûches à l'innocent pécule de l'ouvrier, la main du sergent de ville les disperse et saisit le cupide banquier; les brocanteurs, les revendeurs, ces proxénètes du vol, obligés de rendre compte de tous les actes de leur commerce, vivent sous le poids d'une complicité toujours suspendue sur leur tête.

Mais les services de la police de sûreté éclatent spécialement dans sa lutte infatigable, habile, courageuse contre les classes perdues de la société, qui semblent en guerre déclarée avec ses institutions et ses mœurs.

Il est au fond de la population de toutes les grandes villes un ramassis de misérables qui vivent en dehors des lois, n'ayant pour règle que leur cupidité, pour moyens que le crime, pour dieu que leurs passions. Le vol est leur ressource, la plus infame débauche leur volupté, la prison ou l'échafaud leur inévitable fin. Tous les jours, devant les tribunaux, ils épouvantent l'auditoire moins encore par leurs méfaits que par l'insolence de leur langage et le cynisme de leurs gestes. Certains quartiers, certaines rues, certaines maisons, les reçoivent habituellement; d'affreux repaires sont le théâtre de leurs orgies; des logeurs leur louent des bouges mal propres où ils passent les nuits pêle-mêle; si cette ressource leur échappe, ils fuient dans la campagne et trouvent dans les carrières un sinistre asile, ou bien ils errent dans les rues, évitant la patrouille qui les poursuit, épiant l'habitant désheuré qui leur livrera sa bourse. Ils se sont fait une langue à part, déjà vieille, que Cartouche parlait, et qui s'enseigne dans les bagnes et s'y transmet d'une génération à l'autre. C'est ainsi que vivent pour la plupart les forçats évadés et les libérés qui ont rompu leur ban, tous ceux enfin dont la vie est une perpétuelle violation des lois; ils se connaissent entre eux, se soutiennent, se concertent et préparent ensemble les attaques nocturnes, les escalades, les brigandages, dont ils vivent. Cette détestable industrie se répartit selon les capacités diverses : le crime a ses spécialités et suit la règle économique de la division du travail. Toutes les variétés du vol, la filouterie, l'escroquerie, l'attentat avec violence, fournissent leur contingent. Les uns sont chargés de découvrir les occasions du larcin, les autres de l'exécuter; l'intelligence et la force se partagent les rôles. Certains exploits sont préparés de longue main, étudiés, combinés avec un soin redoutable et des précautions effrayantes. Des recéleurs accrédités tiennent toujours allumés des fourneaux sur lesquels l'or et l'argent non monnayés, la vaisselle, les bijoux, sont immédiatement mis au creuset et convertis en lingots; ils possèdent dans leurs rangs des serruriers pour fabriquer les fausses clés, des cochers de voitures publiques pour opérer les transports, des faussaires pour contrefaire les écritures; ils envoient leurs affidés reconnaître la disposition des appartemens, prendre l'empreinte des serrures, compter les membres de la famille, étudier ses habitudes; ils provoquent des attroupemens sur la voie publique, soit qu'ils engagent une dispute, soit qu'ils y établissent un chanteur ou une troupe de saltimbanques, et la curiosité sans défiance leur paie son tribut. L'étranger crédule tombe dans leurs filets; le caissier sans expérience voit son sac d'argent s'échapper avec le voleur qui le lui ravit; la voiture chargée de marchandises, si son guide la quitte un seul instant, est aussitôt dévalisée. L'étalage extérieur de la boutique leur est une proie toujours offerte. Au foyer des théâtres, aux sermons des prédicateurs en vogue, dans les promenades publiques, partout où le beau monde se rassemble, se trouve quelqu'un des leurs, vêtu avec goût et luxe, affichant des manières distinguées, se mêlant à la foule avec aisance, et bientôt montres, lorgnettes et bijoux ont disparu entre ses mains; des femmes jeunes et brillantes entrent dans les magasins, se font montrer cent objets précieux et glissent avec adresse les plus riches sous leur élégante pèlerine. On ne saurait dépeindre la fécondité de leurs ruses, l'audace de leurs projets, l'énergie de leurs moyens d'exécution: ils forment une vaste conspiration, organisée sur tous les points, contre quiconque possède quelque chose, et qui n'est déconcertée par aucune difficulté, contenue par aucun frein, effrayée par aucun danger.

C'est à la combattre, à la réduire à l'impuissance que se consacre la police de sûreté, et elle y déploie un zèle, une habileté, un courage dignes des plus grands éloges. Elle comprend aussi des agens publics et des agens secrets; les premiers surveillent les voleurs sans se joindre à eux; les seconds s'en approchent davantage, et sans jamais, en aucune façon, de loin ni de près, tremper dans leurs méfaits, ils les rencontrent, les connaissent personnellement, et peuvent avec exactitude révéler les caractères, les menées de ces misérables, sauvages égarés au milieu de la civilisation, et qui pourraient se rire de nos lois, si la société n'avait point à son service des yeux pour voir, des oreilles pour entendre et des bouches pour redire les secrets de leur perversité. Les agens de la police savent leur signalement et les suivent obstinément dès qu'ils les trouvent en campagne; ils se mêlent à leur tour au public pour le protéger; ils saisissent la main encore nantie de l'objet volé, et le rendent au passant surpris et charmé d'une vigilance publique qui garde sa bourse mieux que lui-même; ils les suivent dans l'hôtel où les attire une riche proie, dans l'escalier obscur qui conduit au logis solitaire d'un pauvre ouvrier au travail, ou bien ils les attendent au dehors et s'emparent à la fois du voleur, de ses instrumens et du fruit de ses rapines. Quand un recéleur est connu, ils prennent possession de sa maison; sans se montrer, ils en ouvrent la porte à ses cliens éhontés, et ceux-ci, au lieu du complice qui leur donnera le prix du butin, trouvent l'agent de la force publique qui les prend au collet. Sur le récit des circonstances d'un vol, ils pourront en dire l'auteur: il y a quelques années, les médailles de la Bibliothèque royale ayant été soustraites, les agens, à la vue des procédés employés, désignèrent l'homme qui, plus tard, se déclara lui-même coupable. A défaut de signe spécial, un instinct merveilleux les guide; le moindre indice les éclaire : le papier qui a bourré l'arme à feu, un instrument oublié, la trace des pas, les souvenirs des voisins, les produits du crime retrouvés, des dépenses excessives sans ressources justifiées, un mot échappé dans la colère ou l'ivresse, rien n'est négligé; toutes les mémoires sont interrogées, les circonstances constatées, les informations recueillies. A certaines époques, les logis publics mal famés, les cabarets infects de la populace, sont tout à coup fouillés, pendant la nuit, tous à la fois, à l'improviste, par les brigades de la police de sûreté; des patrouilles nombreuses entourent les carrières de la banlieue, en ferment les issues, en explorent les profondeurs. Ces expéditions mettent sous la main de l'autorité une foule de repris de justice, de forçats, de misérables sans ressources, sans papiers, sans moyens d'existence : les évadés sont renvoyés au bagne ou dans les maisons centrales; les libérés, poursuivis judiciairement pour rupture de ban, les gens sans asile pour vagabondage, et Paris peut reposer plus tranquille, délivré, au moins pour quelque temps, de la présence de ces hôtes faméliques et désespérés. La nuit, les agens de sûreté se répandent dans les rues et par petits groupes, bien armés, bien résolus; ils parcourent les lieux les plus déserts, les plus propres à tenter l'audace des malfaiteurs; ils se glissent dans l'ombre, sans bruit, se blottissent le long des maisons, arrêtent l'individu qu'ils trouvent porteur de paquets suspects ou même embarrassé dans sa contenance, et jugent d'après ses réponses s'ils doivent lui laisser continuer sa marche, le reconduire au domicile qu'il s'est donné, ou le mettre en lieu sûr. La garde municipale leur prête assistance pour ces courses nocturnes, et des patrouilles, où les pas n'ont point de bruit et l'uniforme point d'éclat, saisissent aussi et les individus prêts à commettre un crime et ceux qui emportent dans les ténèbres les produits délateurs du crime déjà commis. Ainsi, les défenseurs de l'ordre et du repos public rivalisent d'activité, de persévérance et d'adresse avec les familiers du crime; la reconnaissance des honnêtes gens récompense leurs efforts, la force sociale les soutient, le sentiment du droit les relève, les anime et assure leur succès.

Le premier soin de tout malfaiteur arrêté est de cacher son nom et d'empêcher que son identité soit constatée; la police de sûreté a des agens dont la mémoire impitoyable retrouve les traits de tous ceux qu'ils ont une fois aperçus; ils appliquent, avec une exactitude qui n'est jamais en défaut, tous les signalemens publiés par l'autorité administrative. Les archives de la préfecture de police contiennent en outre, sous le titre de *sommiers judiciaires*, l'état, toujours au courant, de tous les individus condamnés par les juridictions criminelles ou correctionnelles de tout le royaume. Plus de 800,000 noms y sont inscrits, et chacun est suivi de la liste complète de tous les jugemens de condamnation où il figure. Cet état, qui occupait quatre cents registres, dont les feuilles supplémentaires remplissaient quarante caisses en bois, est aujourd'hui distribué sur des bulletins individuels, contenant chacun tout ce qui concerne un même individu et placés sur des rayons, par ordre alphabétique, de manière à en rendre le triage simple et commode. Les sommiers judiciaires sont d'une immense utilité : chaque jour, ils permettent de répondre aux hypocrites protestations d'anciens condamnés qui, traduits de nouveau en justice, comptent sur l'oubli de leurs premières fautes : en quelques minutes, tous leurs antécédens sont découverts et retracés. La facilité et la promptitude de ces recherches excitent souvent l'admiration des étrangers et confondent les accusés. Grace aux sommiers judiciaires, à Paris, les magistrats du ministère public, informés de toutes les condamnations déjà subies par un prévenu, peuvent éclairer les juges sur ses antécédens, et requérir, s'il y a lieu, les aggravations de peines applicables aux récidives. Les juridictions des départemens pourraient recourir avec la même utilité à ces documens officiels, qui embrassent toute la France, mais la plupart paraissent en ignorer l'existence.

La préfecture de police a cessé depuis long-temps d'employer des repris de justice dans les brigades de sûreté. L'opinion publique s'alarmait de la confiance accordée à des condamnés et protestait contre une aptitude attachée en quelque sorte à la flétrissure judiciaire. Ces plaintes n'étaient point dénuées de fondement; toutefois, il est impossible de renoncer entièrement aux services de cette classe d'hommes, et des agens mêlés à la vie et aux habitudes des malfaiteurs ne peuvent se recommander par la pureté du caractère et la dignité des mœurs. Les délégués du préfet, chargés de cette partie du service, ont au moins pour devoir de chercher toujours les intermédiaires les moins indignes, et de ne point conférer un caractère public à ceux dont le concours officiel imprimerait une tache à l'administration.

A la surveillance des malfaiteurs se lient étroitement la garde et la police des prisons également confiées au préfet de police. Paris renferme huit maisons de détention : le dépôt de la préfecture de police pour les individus arrêtés en flagrant délit et qui doivent être ensuite traduits en justice, les maisons d'arrêts de la Force, des Madelonnettes et de Sainte-Pélagie pour les prévenus hommes, la Conciergerie pour les accusés renvoyés en cour d'assises, la prison de Saint-Lazare pour les femmes prévenues et condamnées correctionnellement, le dépôt de la rue de la Roquette pour les condamnés qui doivent être dirigés sur les bagnes ou les maisons centrales, et enfin la maison de correction des jeunes détenus; une prison spéciale est affectée aux détenus pour dettes, et en outre Saint-Denis contient une maison de correction et un dépôt de sûreté. La population moyenne de ces diverses prisons est évaluée à 5,000 individus.

On commence à construire une prison nouvelle pour les prévenus. Les trois maisons qu'elle doit remplacer ne sont dignes ni de nos mœurs, ni d'une ville comme Paris. Malgré les divisions intérieures, les prévenus y demeurent exposés à une déplorable contamination; dans les portions affectées aux plus dangereux s'accomplissent chaque jour de honteux excès; le crime y tient école ouverte, les forfaits s'y méditent, les pactes les plus exécrables s'y forment. La nouvelle prison sera disposée pour l'emprisonnement cellulaire; la sécurité générale, la morale publique, l'humanité, s'accordent pour en presser la construction.

Le dépôt de la préfecture et la Conciergerie sont resserrés et peu salubres, et cependant ces prisons sont destinées à des détenus encore couverts par la présomption légale d'innocence. Sans doute, dans les immenses travaux qui vont donner à Paris un palais de justice en rapport avec les besoins de ses justiciables, ces détenus ne seront point oubliés.

. La maison d'arrêt pour dettes et le dépôt des condamnés, nouvellement construits, paraissent répondre suffisamment à leur destination respective, et la nature de la population qui les occupe ne comporte guère, par des causes opposées, que des mesures d'ordre et de sûreté.

L'administration n'a pu songer encore à établir un régime disciplinaire que dans la maison de Saint-Lazare et dans celle des jeunes détenus; ses heureux efforts y ont fait voir combien de réformes prudentes et éclairées peut recevoir le régime des prisons.

Saint-Lazare est consacré aux femmes prévenues et condamnées, et aux prostituées détenues par voie administrative. Un quartier spécial y est en outre affecté aux jeunes filles âgées de moins de seize ans, acquittées et retenues en tutelle administrative. L'ordre le plus parfait y règne, les hommes ont été éloignés de tout le service intérieur, les ateliers de travail sont soumis à une discipline sévère; mais la règle du silence n'y est point encore observée, et l'emprisonnement cellulaire de nuit n'est établi que dans le quartier des jeunes filles.

C'est surtout dans la maison des jeunes détenus qu'ont été faites des expériences du plus haut intérêt. Le système cellulaire a été appliqué le jour aussi bien que la nuit, et a pu se concilier avec l'instruction, les exercices religieux et les exigences des travaux manuels; il n'a exercé aucune influence fâcheuse ni sur la santé, ni sur le moral des détenus. Plusieurs rapports publiés dans ces dernières années attestent les succès obtenus par ce régime spécial, et le gouvernement a récemment érigé cette prison en maison centrale sous le titre de *Maison centrale d'éducation correctionnelle.* L'état subvient à ses dépenses, mais elle est restée sous l'administration de la préfecture de police. Le préfet a encouragé et aidé de son appui constant la société bienfaisante créée volontairement pour donner des patrons aux jeunes détenus mis en liberté, et qui a concouru, avec les soins de l'administration, à diminuer dans une proportion notable le nombre des récidives.

Le préfet de police administre aussi le dépôt de mendicité du département de la Seine, fondé à Villers-Cotterets, et qui sert d'asile à 7 à 800 vieillards des deux sexes. Cet établissement est tenu avec autant d'ordre que d'économie : les détenus y sont logés, nourris, vêtus, chauffés, soignés dans leurs maladies, pour la somme modique de 50 à 55 centimes par jour, et le régime est excellent; ils y jouissent même de la liberté personnelle, car, à tour de rôle, ils ont la permission de sortir de l'établissement pour se livrer au travail ou simplement à la promenade.

L'autorité conférée au préfet de police sur les prisons lui permet de contribuer efficacement à la solution des problèmes posés par la science, et de choisir avec certitude les applications les plus sages et les plus vraies. Investi d'une autorité qui s'étend sur une population moyenne de 5,000 détenus, il peut exercer une influence marquée sur les mœurs publiques et la sécurité de la capitale, et déployer au profit commun non cette philantropie bâtarde et inintelligente qui flatte les détenus et leur rend la prison préférable à leur propre demeure, mais cette discipline humaine, quoique rigoureuse, bienveillante quoique inflexible, qui fait apparaître aux yeux du condamné la justice sociale comme l'austère et impartiale gardienne de la morale et de l'ordre.

La police de sûreté exerce une dernière attribution dont il est nécessaire de dire quelques mots, malgré les difficultés du sujet : c'est la police de la prostitution.

Un écrivain digne et savant, le bon Parent-Duchatelet, a consacré à cette matière un ouvrage étendu qui occupa dix années de son existence laborieuse. Il y a consigné tous les détails statistiques que l'administration possède ou qu'il avait recueillis personnellement, et les personnes à qui des données précises et officielles offriraient de l'intérêt y trouveront à satisfaire leur curiosité. Nous nous proposons seulement de faire ressortir et de déterminer le caractère de l'intervention administrative dans un ordre de faits qui semble, au premier aperçu, se refuser à une organisation publique.

A Londres, la prostitution est livrée à elle-même, sans frein, sans règlemens, sans surveillance spéciale. Elle infeste les théâtres, les lieux publics, révolte les regards par le spectacle de ses désordres, et pendant la nuit menace la sûreté des personnes; mais, par des raisons diverses, nul ne consent à lui imposer un joug. Les radicaux la croient protégée par le principe de la liberté individuelle; les hommes religieux, qui forment la majorité, s'indignent à la pensée de prendre des mesures qui contiendraient une approbation indirecte d'un scandale dont ils gémissent et ne veulent à aucun titre se porter solidaires. Ces scrupules opposés concourent au même résultat : la police s'abstient, les mœurs sont offensées, une hideuse contagion répand dans les familles l'ignominie et des principes de mort.

L'administration française, plus pratique, plus sensée, exerce une action directe, continue, sévère, sur la prostitution, et, à Paris, ne pouvant la supprimer, elle l'a soumise à des règlemens, placée sous sa propre autorité et assujétie au joug. Les lieux de débauche sont autorisés par la police; les malheureuses qui y sont placées, celles qui isolément trouvent dans l'opprobre leurs moyens d'existence, sont tenues de se faire inscrire sur des registres ouverts à cet effet, et, à défaut de demande, y sont inscrites d'office dans certains cas déterminés. Mais, si la police intervient dans ces deux cas, elle ne le fait qu'avec réserve et précaution. Les inscriptions sur le livre infamant de la prostitution ne sont ordonnées d'office qu'après des désordres qui attestent une complète démoralisation, et, sur la demande spéciale, qu'après que les conseils, les avertissemens, les exhortations, ont échoué. S'il s'agit de mineures, on recherche les familles, on écrit au père, à la mère, on fait appel à leur autorité, on les invite instamment à arracher à la débauche la proie qu'elle est prête à dévorer :

nobles instances qui donnent à l'autorité publique un rôle de tutelle morale qu'elle ne prend pas assez souvent; mais, il est douloureux, de le dire, le succès couronne rarement ces pieuses tentatives. Le vice est déjà si profondément enraciné, quand se présente la dernière et déplorable ressource de l'inscription officielle, que le cœur est fermé à tout remords, à tout sentiment moral. Les familles sont découragées, indifférentes ou indignées. L'inscription est donc effectuée : aussitôt celles qui en ont été l'objet sont assujéties à toutes les mesures que la police prescrit, touchant leur mise, les heures où elles peuvent quitter leurs demeures, celles où elles doivent y rentrer, les lieux qui leur sont interdits, leur tenue dans le public, etc.; ces mesures tendent, dans leur ensemble, à éviter le scandale, à protéger contre des attentats trop fréquens ceux que la débauche attire et que le vol et parfois le meurtre attendent, à soustraire les passans, les promeneurs, à d'audacieuses et repoussantes provocations. D'autres dispositions, dont l'énumération serait impossible, sont prises dans un intérêt sanitaire, pour arrêter ou restreindre les progrès d'une infection qui semble comme un frein imposé à ceux que de plus dignes obstacles n'arrêtent point sur la pente de l'immoralité.

Ces injonctions multipliées, consignées dans des réglemens, inscrites sur des cartes remises après l'inscription, ont pour sanction la peine d'emprisonnement attachée à toute infraction, et qui s'étend parfois même au-delà d'une année. Chaque jour, plusieurs de ces condamnations sont prononcées par le préfet, sur le rapport de ses bureaux, sur le vu des procès-verbaux dressés par les inspecteurs de la police, et des interrogatoires subis par les inculpées. Cette justice sommaire, à huis clos, exceptionnelle, unique dans notre régime légal, se fonde sur d'anciens réglemens, sur de longs usages, elle reçoit une exécution non contestée, et, tant est puissante la voix de la morale et de l'opinion ! dans ce temps où toutes nos institutions, même les mieux établies, ont été mises en question, pas une plainte ne s'est fait entendre contre l'exercice d'un pouvoir qui ne repose sur aucun texte de loi.

On a plusieurs fois tenté d'aggraver la rigueur des réglemens établis contre la prostitution. M. Mangin se livra à des essais de ce genre; les obstacles qu'il opposa à la prostitution autorisée étendirent le cercle de la prostitution clandestine; quand l'inscription officielle ne produit que des entraves, quand elle soumet à la gène, à la prison, sans aucune compensation, elle est redoutée, évitée, combattue comme une odieuse tyrannie. La prostitution clandestine, à son tour, engendre les maux les plus graves; elle verse un poison mortel dans les veines du corps social; elle marche dans l'ombre, suivie du vol et de l'assassinat. Le système de M. Mangin pouvait satisfaire la morale officielle en écartant de nos yeux de hideux spectacles, mais il portait une atteinte profonde à la sécurité publique; la police de la prostitution est toujours placée entre deux écueils : facile et indulgente, elle blesse les mœurs; dure et impitoyable, elle menace le repos des familles. C'est à ménager ce double et contradictoire intérêt que doit s'appliquer la vigilance du préfet de police, et le public semble accepter les mesures actuellement en vigueur comme la solution la plus satisfaisante d'un problème qui n'en admet point d'irréprochables.

V.

La police politique a écarté les séditions, la police de sûreté prévenu ou surpris les attentats des malfaiteurs; toutes deux de concert ont étendu sur la ville une bienfaisante protection; Paris obtient de la police administrative les jouissances de la vie, le bien-être dans sa plus large acception; la police administrative pourvoit à sa subsistance, facilite sur tous les points une circulation libre, aisée et sûre, et fait disparaître tout ce qui porterait atteinte à la salubrité publique. Les subsistances, la circulation, la salubrité, tels sont, dans leur signification la plus étendue, les objets de sa vigilance.

Les gras pâturages du nord, de l'ouest, du centre, élèvent de nombreux bestiaux. L'administration de Paris les appelle vers la capitale, non par des moyens de contrainte toujours impuissans, toujours suivis d'inquiétudes qui repoussent le producteur au lieu de l'attirer, mais par des facilités spéciales qui lui promettent une vente assurée, un recouvrement immédiat et certain; la liberté en ces matières est un principe de bonne administration autant qu'un droit politique. Les denrées se portent d'elles-mêmes, pour ainsi dire, sur un marché d'un million de consommateurs; il suffirait presque à l'autorité publique de ne point les repousser.

Celle de Paris se montre facile, complaisante, préoccupée des intérêts des producteurs. De vastes marchés leur sont ouverts pour l'approvisionnement : à Sceaux et à Poissy, d'immenses hangars, des abris sûrs, des établissemens qui offrent toute commodité, admettent les bœufs, les veaux, les moutons; les bouchers qui viennent les acheter se libèrent au comptant au moyen des avances faites par la caisse de Poissy, caisse déjà vieille, et dont la longue et utile gestion fournit la plus puissante démonstration de l'utilité de ces institutions de crédit; l'expéditeur, dégagé de tout souci, nanti de la valeur qui représente ses produits vendus, peut immédiatement regagner son domicile. L'approvisionnement en bestiaux se fait encore à la Chapelle et, dans Paris, aux Bernardins et à la Halle-aux-Veaux, marchés moins considérables qui se tiennent à des jours différens. Les porcs sont amenés à Saint-Germain, à la Chapelle, à la Maison-Blanche, la volaille au marché de la Vallée.

La nuit, pendant que Paris repose encore, des charrettes pesantes traversent ses longues rues pour se rendre au marché des Innocens, où se fait l'approvisionnement des fruits et légumes; tous les cultivateurs des environs viennent y verser la récolte de leurs champs, fertilisés par de si intelligens travaux. Quelques heures suffisent à l'achat de ces innombrables produits, et la journée n'est pas commencée que déjà la provision de toute la population est assurée.

Le beurre et les œufs, commerce immense, ont un marché spécial; les farines et les blés sont déposés à la halle aux grains; la marée, les huîtres, expédiées en poste des ports de la Manche et de l'Océan; le poisson d'eau douce, le fromage, se partagent des espaces distincts où chacune de ces denrées est déposée, classée, répartie avec autant d'ordre que de promptitude.

L'administration ne perd jamais de vue les expéditeurs, et elle leur offre dans ses combinaisons ingénieuses et protectrices des satisfactions si complètes, qu'ils préfèrent partout l'emploi des ressources qu'elle procure, malgré les charges qu'ils entraînent, à l'usage d'une liberté oisive et stérile. Sur la plupart des marchés d'approvisionnement sont établis des facteurs destinés à servir d'intermédiaires entre les vendeurs et les acheteurs, dispensant les premiers des frais de voyage et de location, offrant aux autres la faculté du choix et à tous les plus complètes garanties de loyauté; ils servent de courtiers officiels, de commissionnaires administratifs, et se chargent de toutes les ventes moyennant une légère remise. Le prix est versé comptant dans une caisse qui paie sur-le-champ le vendeur; une surveillance constante, une comptabilité sévère, préviennent tout abus. Certaines denrées, dont l'écoulement ne peut être ajourné, sont vendues à la criée par les facteurs; ce mode est appliqué à la marée, au poisson d'eau douce et au beurre. Les approvisionneurs, au lieu d'expédier directement leurs produits à des acheteurs ou de les vendre eux-mêmes, s'empressent à l'envi d'employer le facteur, légalement responsable envers eux, et se félicitent de la simplicité d'opérations et de la sûreté de rapports qu'ils retirent de son concours.

L'approvisionnement ainsi attiré et réalisé, la distribution de ces masses de produits entre les divers quartiers se fait naturellement et sans intervention de l'autorité. Les vendeurs des marchés de détail se sont procuré les quantités dont ils avaient respectivement besoin, et les offrent à leur tour à la consommation. La police administrative remplit alors d'autres devoirs; elle doit maintenir l'ordre dans ces vastes réunions d'hommes et de femmes, où règnent tant de rivalités, de compétitions, de causes de discussion, et garantir le public contre toute fraude, soit dans le poids, soit dans la qualité des objets qui lui sont présentés.

Les marchés de Paris contiennent de 8 à 9,000 marchands; celui du Temple à lui seul en renferme près de 1,000. La police y intervient par les moyens ordinaires, à l'aide de ses agens de tous les degrés, et spécialement des inspecteurs des halles et marchés qui y remplissent le rôle de conciliateurs, de gardiens de la paix publique. Des commissaires de police sont chargés de la vérification des poids et mesures; des vérificateurs experts apprécient la qualité des denrées, et saisissent pour les détruire toutes celles qui seraient malsaines ou gâtées.

Toute l'organisation de ce service est fondée sur le principe de la liberté d'industrie et de commerce. L'établissement des facteurs privilégiés n'y porte pas atteinte, et tend à créer des encouragemens à l'approvisionnement, non à l'entraver. Dans quelques marchés, les travaux intérieurs sont confiés aussi à des agens privilégiés sous le titre de *forts*, mais la disposition des lieux et la nécessité de garanties spéciales rendaient ce privilége indispensable.

Cependant des règles exceptionnelles sont appliquées au commerce de la boucherie et à celui de la boulangerie; le nombre de ceux qui s'y livrent est limité, il ne peut être fait qu'en vertu d'une autorisation du préfet de police.

Les bouchers sont tenus de conduire les bestiaux qu'ils achètent dans un des cinq grands abattoirs appartenant à la ville de Paris. Là s'effectuent l'abattage, la visite plusieurs fois répétée de l'état sanitaire des viandes et leur préparation pour la mise en consommation. Après ces opérations, le boucher est entièrement maître dans son commerce, et spécialement dans la fixation de ses prix.

Il est enjoint aux boulangers de conserver, tant chez eux qu'au grenier d'abondance, une quantité de farine qui représente, pour toute la corporation, l'approvisionnement de Paris pendant trente-un jours environ; le prix du pain est taxé tous les quinze jours par le préfet de police, sur l'avis d'une commission *ad hoc*, d'après les mercuriales des ventes de farines opérées dans la quinzaine précédente.

Malgré le privilége accordé à ces deux corporations, le respect de l'administration pour la liberté de concurrence est tel qu'elle autorise les marchands forains à apporter à Paris des viandes et du pain qui sont vendus dans certains marchés ou directement au consommateur; le même scrupule fait également permettre plusieurs fois par semaine aux cultivateurs des environs de venir eux-mêmes, dans les marchés, vendre leurs fruits et légumes, à côté et en concurrence des marchands sédentaires.

C'est ainsi que la police administrative pourvoit à la subsistance de Paris : son intervention est d'autant plus efficace, qu'elle se fait moins apercevoir et se borne à laisser à l'intérêt privé tout son ressort, en l'arrêtant seulement dans ses écarts. L'ensemble de ces mesures produit les plus heureux résultats; cependant plusieurs imperfections doivent être signalées.

Les besoins de la population réclament l'agrandissement des marchés ou l'augmentation de leur nombre. Les halles du centre sont insuffisantes; elles ne répondent point au mouvement d'affaires qui s'y fait; les rues environnantes, envahies, encombrées, ne fournissent qu'une ressource incommode, et la police n'y peut empêcher d'inévitables embarras. D'autres marchés d'approvisionnement devraient être établis sur divers points; les chemins de fer, en changeant le mode des arrivages, en donnant au transport des denrées d'immenses et nouvelles facilités, amèneront forcément cette dissémination, commandée d'ailleurs par les progrès de la population et l'extension du territoire de Paris. Les abattoirs destinés aux porcs n'appartiennent point à la ville, elle doit en créer. Le commerce des cuirs réclame impérieusement la construction d'une halle; celle qui sert à la vente des beurres est trop étroite. Ces diverses nécessités sont reconnues, mais des difficultés de plusieurs genres ont arrêté le conseil municipal; il saura certainement les vaincre avec la fermeté dont il a déjà donné tant de preuves.

D'après la législation municipale, les taxes perçues dans les marchés constituent une partie du revenu des villes. De cette disposition résulte le droit de s'opposer à toute perception de ce genre au profit des particuliers. La loi d'attributions qui se prépare pour

Paris décidera sans doute cette question de manière à lui permettre de rentrer en possession de tous les revenus prélevés en ce moment dans des marchés particuliers, en vertu de tolérances ou de concessions sans valeur. Il a droit de le demander, et le législateur ne saurait refuser à la capitale ce qui a été concédé à toutes les communes du royaume. Jusqu'à la décision légale de cette question, l'administration aurait pu invoquer la loi générale de l'an VII, mais peut-être une louable prudence a-t-elle dicté la réserve qu'elle s'est imposée.

Les ventes dans les marchés d'approvisionnement, à la criée ou de gré à gré, donnent lieu au paiement d'un droit au profit de la ville. On a proposé depuis long-temps de le remplacer par une taxe d'octroi qui se percevrait à la barrière. Le mode actuel nuit aux revenus municipaux, en ce que les denrées portées du dehors chez le consommateur échappent à l'impôt; il froisse la justice distributive en ce que les gens riches, qui se fournissent directement au lieu de production, sont ainsi affranchis d'une charge qui pèse sur le consommateur malaisé, obligé de se rendre au marché. On ne saurait trop se hâter d'adopter une mesure qui concilie ensemble, par une heureuse et rare combinaison, les intérêts financiers et l'équité administrative.

Le préfet de la Seine revendique, pour son administration, le soin de faire ces perceptions : cette réclamation repose plus sur une vaine symétrie d'attributions que sur un intérêt public; la préfecture de la Seine serait obligée de constituer tout un personnel pour effectuer ces recettes, et la préfecture de police, en cessant d'en être chargée, ne pourrait pas retrancher un seul de ses employés, tous livrés à une surveillance active qui continuerait de réclamer leur présence; un contrôle réel, déjà exercé par les délégués du préfet de la Seine, garantit complètement les finances de la ville. Ainsi, aucune raison plausible ne justifierait, aucune compensation n'atténuerait le surcroît de dépense qui résulterait du déplacement de ce service.

On peut à bon droit diriger des critiques sérieuses contre le système exceptionnel maintenu à l'égard des boulangers et des bouchers; cette question est trop vaste pour n'être point traitée à part. Il convient seulement de rappeler que, dans la discussion engagée à la chambre, l'année dernière, sur les droits imposés aux bestiaux étrangers, l'honorable M. Tourret, si compétent en cette matière, a attribué le prix excessif de la viande dans Paris à la vicieuse organisation du commerce de la boucherie. Depuis long-temps des commissions ont été formées pour discuter ces grands intérêts, mais trop souvent les commissions n'ont pour objet que d'étouffer les discussions : il est temps que celles-ci soient invitées à conclure.

Mais d'autres soins sollicitent l'intervention de la police administrative; il faut que, par son concours, les rues soient libres, propres, éclairées pendant la nuit, arrosées pendant l'été, que le piéton soit protégé contre les voitures, que le bourgeois qui se fait transporter d'un quartier à l'autre en fiacre, en cabriolet, en omnibus, n'éprouve aucune difficulté, que le fleuve qui traverse la ville serve à d'utiles emplois, sans entraves pour la navigation. En vue de ces besoins variés, la police met en usage des procédés divers.

Pour que les rues soient libres et sûres, elle défend tout encombrement, toute usurpation sur leur territoire, ordonne la démolition des bâtimens qui menacent ruine, ne permet aucune construction qui restreindrait l'espace ou intercepterait la lumière, surveille les étalagistes et impose des conditions rigoureuses aux marchands ambulans qu'elle autorise, autorisation toujours exceptionnelle, destinée à procurer du pain à de pauvres familles et réglée de manière à ne point exposer les marchands en boutiques à une injuste concurrence.

Pour que les rues soient propres, elle oblige tous les habitans à balayer la portion située devant leur maison, fait balayer chaque matin, par 500 ouvriers en régie, les quais, ponts, places, carrefours et ruisseaux dont la superficie est évaluée à 730,000 mètres, donne plus de 500,000 francs par an à un entrepreneur chargé d'enlever les boues, fait disparaître les glaces en hiver et entretient dans un état constant de propreté et de libre écoulement les 120,000 mètres (trente lieues) d'égouts ouverts sous les rues de Paris.

Pour que les rues soient éclairées, elle y fait allumer toutes les nuits plusieurs milliers de réverbères, et en ce moment elle substitue presque partout à l'huile le gaz qui s'étend sans s'arrêter d'un quartier à l'autre, d'une rue à sa voisine, et qui, au lieu de 60 becs sur une ligne de 2000 mètres qui lui étaient affectés en 1831, en alimente, en 1842, près de 5,000, sur un développement de 168,000 mètres.

Pour assainir les rues, en été, elle impose aux habitans l'obligation d'arroser deux fois par jour, pendant les chaleurs, le pavé devant leurs maisons, et salarie un entrepreneur chargé de répandre sur tous les points essentiels, les plus exposés aux ardeurs du soleil, une rosée artificielle qui affermit les pas des chevaux et abat une poussière malfaisante.

Pour que le piéton soit protégé contre les voitures, elle leur impose des règles, les numérote, les contraint à s'éclairer la nuit, leur prescrit de franchir au pas certains passages.

Pour que les voitures publiques n'exposent celui qui s'en sert à aucun danger, à aucune collision, elle les oblige à se munir de son autorisation, les visite d'abord avant qu'elles marchent, puis, tous les ans, fait des réglemens pour les omnibus, mode de transport tellement adopté, qu'on évalue à 60,000 par jour le nombre des personnes qui l'emploient, soumet les cochers à une discipline rigoureuse et les suspend de leur service en cas d'infraction, établit à demeure des inspecteurs sur chaque place, tarife le prix du transport, et parvient, à l'aide de dispositions diverses, à assurer la restitution de toute valeur oubliée dans une voiture publique, restitution qui, en 1841, pour l'argent et les billets de banque seulement, a excédé 10,000 francs.

Pour concilier la navigation avec les avantages que la Seine peut procurer, elle interdit tout ouvrage qu'elle n'a point autorisé, et soumet les établissemens de bains chauds, les écoles de natation, les bateaux de blanchisseurs, à des conditions déterminées de construction et de stationnement.

La salubrité publique est à son tour l'objet des vigilantes préoccupations de la police administrative. Les égouts qui promènent sous nos pieds leurs longues galeries, curés et entretenus, s'ouvrent à l'écoulement de toutes les eaux ménagères; chaque année, plus de 6,000 fosses d'aisance sont vidées et réparées; des agens divers et nombreux surveillent les établissemens classés, recherchent et font abattre les animaux attaqués de maladies contagieuses, détruisent les chiens errans, comblent les puits infects, visitent les vases et ustensiles de cuivre dans les lieux publics, font ventiler en hiver et fermer en été les amphithéâtres et salles de dissection, surprennent et dénoncent les remèdes secrets, les pharmacies tenues irrégulièrement, saisissent les médicamens gâtés ou mal préparés, surveillent les fabriques et les dépôts d'eaux minérales factices, répandent dans le ruisseau les vins frelatés, suppriment les comestibles corrompus, et prennent une foule de mesures du même genre, toutes dirigées vers le même but.

Le préfet de police est secondé, dans cette partie de ses attributions, par le conseil de salubrité, admirable institution adoptée dans plusieurs de nos grandes villes, et qui devrait l'être dans toutes les préfectures. Ce conseil, composé d'hommes éminens, médecins, chimistes, administrateurs, ingénieurs, architectes, donne son avis sur toutes les questions qui touchent en quelque point à la santé publique; il s'occupe des professions dont l'exercice peut mettre en danger la vie des ouvriers, et s'attache à introduire dans les arts les procédés les plus propres à prévenir tout effet nuisible. Aucun établissement insalubre n'est autorisé qu'après la visite d'un ou de plusieurs membres de ce conseil; toute invention nouvelle lui est soumise; les ordonnances de police qui intéressent la salubrité publique sont souvent préparées par lui et toujours appuyées sur son avis. Le recueil de ses travaux depuis dix ans, publié en 1840, est l'étude la plus intéressante pour les administrateurs municipaux et sa plus irrécusable apologie.

VI.

Quelques attributions, étrangères aux divisions que nous avons successivement parcourues, dépendent encore de la préfecture de police : elle a reçu le mandat de distribuer aux réfugiés politiques résidant à Paris les secours que leur accorde l'hospitalité française; elle révise et approuve les statuts d'un grand nombre de sociétés de secours mutuels, formées dans la plupart des classes d'ouvriers, et qui contribuent tout ensemble à les moraliser et à les secourir dans les jours de maladie ou de détresse; elle examine les statuts des sociétés anonymes qui réclament l'approbation du gouvernement; elle vient tout récemment d'être chargée des mesures relatives à l'exécution de la loi sur le travail des enfans dans les manufactures; préposée à un grand nombre d'autres soins d'une moindre importance, elle est un centre général d'informations et d'action auquel le gouvernement, les administrations locales et les particuliers ont recours dans une multitude de circonstances.

Telle est dans son ensemble cette vaste administration, peu connue et surtout mal jugée. Si l'on envisage son but, il n'est autre que la défense et la protection de la population parisienne; si l'on examine ses moyens d'action, ils sont tous honorables : le secret en cache quelques-uns, mais ce secret, nécessaire pour le salut commun, ne dérobe aux regards du public aucun acte que l'honneur ait à désavouer. Cependant bon nombre d'hommes la condamnent et sont disposés à suspecter tous ses agens, quels que soient leur titre et leur emploi. Une seule raison décide ces inimitiés : c'est un pouvoir qui fait la police; et pour les esprits ignorans et prévenus, la police est une

sorte d'autorité malfaisante qui flétrit tout ce qu'elle touche. Que
Paris prononce : à sa tête est un magistrat qui repousse l'émeute et
déjoue les complots, qui garantit le jour et la nuit ses habitans contre
les ruses du voleur et les attentats de l'assassin, qui assure sa subsistance, lui procure l'usage libre et commode de ses rues et de son
fleuve, veille sur sa santé et maintient l'ordre, la paix, le calme. Que
la population de Paris dise s'il en est de plus utile, de plus digne de
son affection et de sa reconnaissance. Cette magistrature n'a pas
manqué à ses devoirs : dans ces dernières années, les complots moins
fréquens, des bandes de voleurs découvertes et frappées par la justice, la garde municipale doublée et appliquée sur une large échelle
à la police nocturne, le service du nettoiement, celui des voitures
publiques améliorés, l'éclairage des rues perfectionné, la Seine dé-
barrassée d'obstacles repoussans, sont les témoignages d'une sollici-
tude qui veille toujours et les signes d'un progrès qui ne s'arrête
point.

Il est à regretter, nous en convenons, que l'intervention de l'autorité soit trop souvent purement matérielle et puisse encourir le
reproche de se montrer indifférente à l'amélioration morale du peuple.
Nous voudrions qu'on songeât davantage, à l'aide de publications
utiles et pratiques, faciles à répandre, à inculquer aux classes infé-
rieures les principes d'ordre et d'attachement à la chose publique
qui les soustrairaient aux funestes suggestions des partis anarchiques; nous désirons que, par le résultat de nouvelles réformes, les
prisons cessent d'être une sorte d'école du crime et l'origine des
plus redoutables associations; nous appelons de tous nos vœux les
institutions publiques ou privées qui arracheraient tant de malheu-
reux dont le cœur est encore honnête aux provocations du besoin,
aux dangereux conseils de l'oisiveté, et tant de pauvres filles aux
infames embûches du vice et de la débauche. Les difficultés sont
grandes, il est vrai, les moyens contestés, les résultats incertains;
mais la reconnaissance publique et la gloire n'appartiennent qu'aux
longs efforts, qu'aux dévouemens qui savent ne jamais se rebuter,
et l'administration ne sera tout-à-fait tutélaire et providentielle que
le jour où elle entrera dans cette noble voie.